Me llamo...
Charles Chaplin

Proyecto y realización
Parramón Paidotribo
Dirección editorial
Lluís Borràs
Ayudante de edición
Cristina Vilella
Texto
Luis Luque
Ilustraciones
Carles Arbat
Diseño gráfico y maquetación
Zink Comunicació S.L.
Producción
Sagrafic, S.L.

Charles Chaplin
ISBN: 978-84-342-2827-6
IBIC: YNM

10ª edición
© 2019, Parramón Paidotribo.
http://www.parramon.com
E-mail: parramon@paidotribo.com

Impreso en España

Derechos exclusivos de edición para todo el mundo

Prohibida la reproducción total o parcial de esta obra mediante cualquier recurso o procedimiento, comprendidos la impresión, la reprografía, el microfilm, el tratamiento informático, o cualquier otro sistema, sin permiso escrito de la editorial.

Cualquier forma de reproducción, distribución, comunicación pública o transformación de esta obra sólo puede ser realizada con la autorización de sus titulares, salvo excepción prevista por la ley. Diríjase a CEDRO (Centro Español de Derechos Reprográficos, www.cedro.org) si necesita fotocopiar o escanear algún fragmento de esta obra (www.conlicencia.com) 91 702 19 70 / 93 272 04 47.

Hola...

Me llamo Charles Spencer Chaplin y nací el 16 de abril de 1889 en Londres, ciudad que se decía era la capital más grande del mundo. Londres tuvo importancia en ese capítulo decisivo en la historia del mundo moderno que fue la Revolución Industrial, cuando las máquinas dejaron sin puestos de trabajo y en la miseria a mucha gente en Inglaterra.

El sector de Londres donde nací forma parte de la tradición inglesa de la pobreza. El legendario detective Sherlock Holmes cita una calle de Lambeth en Kennington, mi barrio. Escritores como Dickens y Woodhouse también incluyen en sus novelas direcciones del sector. Yo no aportaría nada a la fama de mi Kennington natal desde la literatura. No fui novelista, pero escribí las historias de mis películas, y fue en el arte del cine donde sobresalí como guionista, productor, director, compositor y actor.

En el séptimo arte, el cine, destaqué con películas inolvidables donde policías torpes perdían contra pícaros ingeniosos, huérfanos hambrientos terminaban riendo y los finales felices correspondían a los amores imposibles.

La mayoría de películas que realicé se inspiraron en mi vida, y lo mejor que conseguí con ellas fue crear el personaje más entrañable, quijotesco y maravilloso del cine de todos los tiempos: Charlot.

Lo sé porque me lo dijeron

El lugar de mi nacimiento no figura en el registro oficial de Somerset House donde están inscritos todos los ingleses. En broma dije una vez que nací en Fontainebleau, Francia, pero si me atengo al testimonio familiar, nací en Kennington, en el East End. Los que nacíamos allí teníamos una esperanza media de vida de apenas treinta años. En el otro lado de la ribera del famoso río Támesis, en el West End, estaban los ricos, con una expectativa de vida de unos cincuenta años. Eran los pronósticos de la época, pero nadie conoce su destino hasta que se ha cumplido.

Mis padres ganaban lo justo para sobrevivir, aunque eso duró poco y siendo yo muy pequeño mi padre abandonó a mi madre. Ella sufrió un primer ataque de locura y la internaron en el sanatorio; fui a parar a un orfanato, pues la ley así lo mandaba. Luego mi madre recobró temporalmente la cordura y nos sacó del orfanato; digo nos sacó, porque tengo un hermanastro mayor que tomó el apellido de mi padre y se llama John Sidney Chaplin.

Sidney era fruto de un romance con alguien que mamá fantaseaba. Era un lord millonario de quien heredaría una enorme fortuna. Que la abandonara fue lo que ella consiguió del supuesto lord. Después se casó con quien fue mi padre, también llamado como yo: Charles Chaplin, actor y vocalista judío con antepasados franceses.

Mi madre se llamaba Hannah y descendía de un zapatero irlandés y una medio gitana con antepasados en España. Como mamá era bailarina y cantante, apenas dejó el sanatorio volvió a trabajar de cupletista en teatros londinenses de mala muerte; mi padre ya se había desentendido por completo de nosotros. Vivimos deambulando entre cuchitriles y tugurios. En esas andanzas mi madre perdió la voz una noche justo antes de comenzar su actuación y el empresario me empujó al escenario para acallar el escándalo que armaba la chusma. Empecé a cantar como un disco rayado, el populacho se desternillaba de risa y me tiraba monedas que yo recogía y contaba en el mismo tablado.

Aquel primer éxito, con sólo cinco años de edad, nada bueno representó; con monedas no se vivía y nos echaban de una y otra casa por míseras deudas, quitándonos todo menos el colchón, porque era lo único que la ley inglesa no permitía embargar.

Las calles no ven si bailo descalzo

El domicilio donde más tiempo estuvimos fue en la buhardilla del número 3 de Pownall Terrace, en Lambeth. Yo bajaba sin cesar de nuestro desván a tirar cubos de agua sucia. También recuerdo el colmado donde compraba apenas cinco kilos de carbón y escasas verduras; y al carnicero, que vendía piltrafas a penique; y a otro tendero, que por unas monedas dejaba meter mano en una caja de pasteles mohosos y desechos.

El panorama era desolador; sin voz, mi madre alquiló una máquina de coser. Ella, Sidney y yo cosíamos dobladillos a penique por docena de trajes. Trabajábamos sin esperanza, y ni para comprar zapatos reuníamos, así que mamá nos dejaba los suyos e íbamos a buscar la sopa de la caridad pública. Cada noche yo recorría las tabernas y cantaba subido en las mesas. En las calles aprovechaba la musiquilla de cualquier organillero para bailar a su son. Pasaba la gorra, recogía las monedas y a correr perseguido por el organillero, como lo contaría años después en mi película *Charlot, músico callejero*.

Al fin y al cabo, Sidney y yo estuvimos tan en la mira de los músicos ambulantes que, para burlar al enemigo, bailábamos a la vuelta de las esquinas. El oficio de bailarín mendigo llegó a ser tan peligroso, que tuve que alternarlo con otros trabajos.

Así, fui recadero de tiendas de comestibles, chico de librero y hasta soplador en una fábrica de vidrios, donde el calor era infernal y me desmayé el primer día de trabajo.

Pero las desgracias nunca vienen solas y mi madre volvió a enloquecer. La caridad de los orfanatos con sus estrictos reglamentos no nos admitió de nuevo, pues con Sidney no teníamos ya la edad legal para ser acogidos, aunque todavía fuésemos unos niños. La beneficencia oficial, defendiendo sus intereses, obligó entonces a Charles Chaplin a hacerse cargo de nosotros; al fin y al cabo teníamos su apellido ¿no?

El nuevo hogar fue un infierno. Mi padre vivía con una mujer con la que tenía un hijo y ella fue muy mala con Sidney y conmigo, como la típica madrastra maléfica de los cuentos.
Para colmo, los dos desaparecían con frecuencia de casa y teníamos que esperar en la calle hasta que volvieran al amanecer borrachos.

Deshojando la margarita de la locura

Las pesadillas tal como vienen se van. Hannah volvió a dejar el sanatorio y nos reagrupamos en torno a ella. Mi hermanastro trabajó de telegrafista y fue camarero en un barco que navegaba por los mares del sur de África. Las veces que Sidney volvía de las travesías eran dignas de celebración, porque con el dinero que traía pagábamos las deudas sin dejar de comer. Hasta que mi hermanastro enfermó en Ciudad del Cabo, y de nuevo tuve que bailar en las calles y trabajar manejando una máquina de imprenta que se parecía al monstruo de bielas y engranajes que sale en una de mis películas más famosas: *Tiempos modernos*.

El hambre, la desilusión y la soledad volvieron a enloquecer a mi madre. Un día, al volver a casa, la encontré en la puerta con un trozo de carbón en la mano y vi que se lo ofrecía a los curiosos del barrio al tiempo que decía: «Tenga este bonito regalo».

No me quedó más remedio que llevarla otra vez al sanatorio. Nada más podía hacer por ella.

El tiempo de la cordura de Hannah fue corto y de poco le valió mi compañía, pero que se desahogara evocando sus glorias de artista sí fue aleccionador para mí. Se pasaba las horas mirando por la ventana y repetía para mí los gestos y la mímica de las personas que veía pasar por la calle.

Narraba e interpretaba la vida con pantomimas prodigiosas, con gestos tan expresivos y variados que le sobraban las palabras. «El vecino de enfrente camina arrastrando los pies, lo que significa que ha discutido con su mujer. El de la casa de al lado se ha pegado con la suegra, da pasos de pato herido y desayuna en la pastelería», decía, y les imitaba.

Mi madre sabía del ánimo de la gente con sólo observarla. Con esa manera tan particular de ver la vida y contármela me dio el patrimonio de su arte. Fue mi mejor maestra de interpretación durante las temporadas que pude acompañarla en su calvario. Luego quedé completamente solo, sin padres ni hermanastro. Tuve que vagar por las calles, dormir bajo los puentes y huir de lo peor que tiene la miseria: la esperanza perdida.

Mis bolsillos llenos de ilusiones

La herencia que mis padres me dejaron fue, sin duda, la vocación de artista. Charles Chaplin, además de ser tenor, escribía las canciones que entonaba y las vendía después impresas en folletos con su fotografía. De él me vino la facilidad para componer música. De mi madre asimilé algo más importante y rotundo que actuar: aprendí a interpretar, ya lo dije, las emociones.

La escuela a la que normalmente van los niños casi no existió para mí. Sin embargo, gracias a que asistí al colegio alguna vez, mi madre le pidió al maestro Jackson que me incluyera en su compañía musical infantil: The eight Lancashire Lads (Los ocho muchachos de Lancashire). Íbamos de gira por teatros y yo destacaba como bailarín. Yo veía que sobresalía, y eso me gustaba.

Sin embargo, cuando después me presenté a un concurso de baile para aficionados, el jurado se enteró que había formado parte de la compañía Los ocho muchachos de Lancashire y me quitaron el premio.

La ilusión nunca pudieron quitármela. Como vivía a la intemperie, y no me quedaba más remedio que recorrer calles y calles, trabajar en lo que fuese o pedir limosna y eludir las rondas de los policías, aprendí a interpretar a las personas y así me sobreponía a la tristeza y la soledad. Aprovechaba, y cuando estaba con una vestimenta aceptable, iba a las agencias teatrales a pedir algún trabajo, o por lo menos inscribirme en sus listas de espera.

Los años pasaron y en 1901 Sidney volvió de África para reencontrarse conmigo. Yo tenía entonces doce años, estaba reducido a la condición de mendigo, nuestra madre otra vez en el sanatorio y mi padre había muerto hacía poco; a cambio, porque nunca todo es absolutamente malo en la vida, mi hermanastro traía el dinero que podía para resistir mientras nos salía algo digno en que ganarnos la vida.

Sidney se dedicó a diferentes oficios y a mí, al fin, me llamaron de una de las tantas agencias en las que estaba inscrito, para representar un papel de vagabundillo. *Jim, the Romance of a Cockney* se llamaba la obra y fue un desastre según la crítica. Pese a los comentarios adversos, un periódico alabó mi actuación por lo que el director de la compañía de teatro me dio después otro papel e hice de Billy, el botones de Sherlock Holmes; sí, el mismo famoso recadero que suele figurar entre el doctor Watson y el legendario detective.

Luz en el lejano horizonte

La obra tuvo un éxito enorme; durante cuarenta semanas se representó por toda Inglaterra, y en Londres siempre el aforo era total. Conseguí también que mi hermanastro tuviera un pequeño papel en la obra. Entre los dos ganábamos treinta y cinco chelines semanales, casi una fortuna en aquellos tiempos.

En las representaciones que hice de Billy sobresalí, y me codeaba con las estrellas del barrio rico: el West End. El rey de Inglaterra y otros monarcas europeos aplaudían mi representación; glorias momentáneas fueron pues todo comienza y termina. Acabada la temporada de Billy volvieron los tiempos duros. Sidney hizo papeles insignificantes en compañías de acróbatas y yo, imitaciones en escenarios de quinta categoría.

La mala racha que se ensañaba con nosotros me deprimió al punto que las secuencias tristes de mis películas son el recuerdo de aquella época. Por suerte y casualidad, el famoso Fred Karno un día se fijó en el trabajo de mi hermanastro y le contrató para su empresa. Una vez dentro de la compañía, Sidney insistió en que Karno, el rey de la pantomima inglesa, me contratara.

Al fin, en 1907 fui admitido en el emporio del *music-hall*, las *variétés* y los espectáculos de feria; en ese momento se abrió mi horizonte, el camino al futuro y al cine.

El cine nació para mí

El cine nació en París, la capital de Francia. Una placa en el Boulevard des Capuchines dice: «Aquí, el 28 de diciembre de 1895, tuvieron lugar las primeras proyecciones públicas de fotografía animada, por medio del cinematógrafo, aparato inventado por los hermanos Lumière».

Tras el nacimiento del cine una tarde helada de invierno, cuando treinta y tres personas vieron la primera película, que fue *La salida de la fábrica de unos obreros*, la cinematografía avanzó rápidamente, animada siempre por la idea de llegar a ser el séptimo arte.

Cine documental y de viajes, cine de aventuras, cine con trucos y efectos especiales, cine romántico... La historia de la cinematografía es maravillosa y fascinante, porque el cine siempre buscó diferenciarse de las otras artes de las que se alimentaba, para convertirse en mucho más que simple pintura, foto, teatro, música y todo lo que contenía. El cine, con su ambición de ser un espectáculo total, era lógico que amenazara al amplio mundo del teatro y géneros como la comedia musical, los bailes de feria, la mímica y otros.

En 1910 la industria estadounidense del espectáculo buscaba compañías de comediantes para actuar en el *music-hall* y *variétés*, y precisamente Fred Karno tenía a los mejores artistas. En los Estados Unidos, por esos años, Hollywood todavía no había alcanzado la fama que tendría después, pero organizaba comedias musicales y obras teatrales, e importaba cómicos de Inglaterra. Unos comediantes de Karno iban y se quedaban en teatros americanos mientras otros buscaban fortuna en compañías que producían películas, pero ninguno volvía con su antiguo patrón.

Un día, Fred Karno no tuvo más remedio que elegir entre enviar a los Estados Unidos a mi hermanastro o a mí. ¡Qué peligro para el rey de la comedia inglesa, quedarse sin uno de nosotros! En los tres años que había trabajado ya me había convertido en un comediante muy importante dentro de la compañía de Karno; Sidney lo era más, así que Fred decidió enviarme a los Estados Unidos.

«Te voy a mandar a Norteamérica pero me firmarás un contrato muy severo, no voy a arriesgarme a perderte como a muchos otros que he enviado y no han vuelto por irse a trabajar en el cine», dijo Karno.
«Tranquilo, soy un comediante de teatro y no me veo haciendo payasadas frente a una cámara», respondí.

Un país para dudar y triunfar

El barco en el que viajé por primera vez a los Estados Unidos transportaba ganado y a emigrantes de ínfima clase. Aunque yo, el más taciturno y callado de los viajeros, en cuanto el barco entró en la bahía de Nueva York, sentí una animación inexplicable y grité: «Cuidado, América, que vengo a conquistarte». No sería fácil, nada que valga la pena es sencillo de lograr porque hay que insistir y perseverar cuando se quiere conseguir algo y ser alguien.

La primera correría que hice por Norteamérica empezó el día 3 de octubre de 1910 y no tuvo éxito. Algo decepcionado ya de mi vida en los escenarios, pensé comprar allí una granja para criar cerdos. También se me ocurrió comprar una máquina tomavistas para filmar; me imaginaba que todo lo que había que hacer para producir películas era algo tan sencillo como darle vueltas a la manivela. No crié cerdos ni produje cine entonces, y volví a Inglaterra cumpliendo lo acordado con Karno.

En Inglaterra seguí obsesionado por el cine. Cada vez que un camarógrafo filmaba un espectáculo y yo andaba por ahí, hacía lo que fuese por salir en la película, echando de lado incluso a quienes debían ser filmados. «Si alguna vez salgo en películas incluiré una escena así» me dije, y efectivamente en *Carreras de autos para niños*, uno de los filmes que luego hice, hay una escena similar.

La compañía Karno volvió de gira a los Estados Unidos en 1912. Embarcamos desde Liverpool y en octubre de ese mismo año yo ya estaba de nuevo en suelo norteamericano. Era la primera figura de la Karno Pantomime Company, las comedias esa vez sí gustaron y las productoras de películas me tenían en el punto de mira para que actuara frente a las cámaras.

Es curioso cómo uno suele a veces dudar si será correcto hacer aquello con lo que sueña. Quería hacer cine, es cierto, pero cuando Kessel me entrevistó para trabajar en películas con un sueldo de setenta dólares por semana, titubeé. Era la estrella de Karno ¡y ganaba cincuenta dólares a la semana!, así que pedí más y me prometieron ciento cincuenta dólares semanales durante los tres primeros meses y ciento setenta y cinco después; nunca antes había soñado con ganar tanto.

Kessel, que era socio de Mack Sennett, un famoso productor cinematográfico, cómico y dueño de la Keystone Film Co. y con quien había cerrado el trato, me envió entonces a Hollywood. Allí le parecí a Sennett muy joven y no creyó que yo pudiera ser bueno para el cine. Sufrí entonces un ataque de timidez y estuve varios días rondando por los estudios sin atreverme a que alguien me viera, hasta que el director Henry Lehrman me puso frente a la cámara y empezamos a rodar la película *Una noche en un music-hall inglés*. El 2 de febrero de 1914 se estrenó, y con ese filme empezó mi carrera como actor.

Mi suerte se disfraza de vaquero

Una noche en un music-hall inglés fue una película mediocre, como muchas otras de las producciones de la Keystone Film Co. El sistema de Sennett era la improvisación, es decir, filmar a lo loco, y a mí no me gustaba ese estilo. Por otra parte, tampoco gusté a mis compañeros ni a Lehrman, que cortaba el rodaje de las escenas en los mejores momentos de mi actuación. Caí muy mal, ésa es la verdad, y desde el primer día me apodaron *limey*, que significa lo más bajo y miserable de un inmigrante inglés. Tampoco es que yo fuera nada acomodaticio, pues siempre me empeñaba en imponer mis ideas.

En debates continuos, discutiendo por crear mi sistema cómico y un estilo de cine con más arte que la simple bufonada vacía y ridícula del cine americano, conseguí poco a poco crear un personaje diferente, con ropas características, un estilo particular y un alma propia.

Las controversias cada vez más agrias que tuve con Sennett terminaron por sacarle de quicio y quiso rescindirme el contrato, pero de la noche a la mañana cambió de opinión y todo fueron facilidades para que yo hiciera lo que quisiera en las películas donde figuraba. ¿Se había vuelto loco mi jefe? No, desde Nueva York le dijeron que yo, el nuevo cómico, y mi personaje, Charlie, vendía más películas que otras productoras.

El año de 1914 acababa, y mi hermanastro Sidney llegó a Norteamérica; dejó Karno y se pasó al cine, contratado también por Sennett. Mi personaje de sombrero hongo, chaqueta estrecha, pantalones anchos, zapatos enormes y bastón, fascinaba al público americano, y Sennett, para retenerme, me ofreció un salario de quinientos dólares por semana; yo quería setecientos. No llegamos a un acuerdo, pero lo peor fue que, como temía que otra productora me llamara, me aisló, y prohibió la entrada a cualquier desconocido a los estudios donde yo trabajaba.

Un día se coló en los estudios un agente de la competencia de mi productora, disfrazado de extra de vaquero, y me ofreció diez mil dólares de prima más un sueldo de mil doscientos cincuenta dólares semanales por trabajar con su empresa: la Essanay Company. No me lo pensé mucho pues la oferta era muy suculenta y firmé el contrato el 2 de enero de 1915.
La máquina de hacer dinero y fama que es el cine empezaba a darme por fin sus frutos.

La puerta al mundo la abro hacia afuera

Con la Keystone hice treinta y cinco películas en un año. Aquellas filmaciones cortas, que se rodaban en pocos días, conquistaron las pantallas de los Estados Unidos. Tengo que reconocer que la Keystone fue la puerta a mi fama en Norteamérica, sí, pero la Essanay me abrió las puertas al mundo entero.

Los tiempos de la dolorosa Primera Guerra Mundial corrían por entonces. En París, el distribuidor de las películas bautizó a mi personaje con el nombre de Charlot. Metido en la piel de Charlot, llevé consuelo, diversión y alegría por Europa mientras el mundo se desangraba, como ocurre en todas las guerras.

En las trincheras, en los hospitales, en las ciudades, en los pueblos, todos hablaban de aquel vagabundo que hacía reír con sus picardías geniales y que se enamoraba de la bella y compasiva rubia. El mundo entero se conmovió con el corazón generoso y el sentido de la justicia de Charlot.

El período con la productora Essanay fue un peldaño importante en mi carrera artística, pero al finalizar el contrato pensé en buscar otra compañía. La industria del cine americano estaba en aquel momento en su máximo esplendor y yo quería triunfar en ella.

Sidney se ocupaba de mis negocios; viajé entonces a Nueva York para reunirme con él, y durante el trayecto millares de personas me aclamaron en cada estación e incluso entre estaciones los campos se llenaron de gente que me vitoreaba y que gritaba mi nombre.

Mi hermanastro aprovechó que era portada en los periódicos y consiguió un contrato con la Mutual Company, por diez mil dólares a la semana y ciento cincuenta mil por firmarlo.

Era el 26 de febrero de 1916 cuando empecé a rodar con la Mutual y en esa fecha me convertí en el actor mejor pagado de los Estados Unidos; tenía veintiséis años y apenas llevaba un par de años en el mundo del cine.

La época con la Mutual fue feliz. Empecé a codearme con los famosos como los bailarines Nijinsky y Ana Pavlova, y escritores como Somerset Maugham y Blasco Ibáñez, entre muchos otros. Yo vivía satisfecho en un viejo hotel, pero Sidney se empeñó en que me trasladara a un lugar lujoso, me dio un automóvil caro con conductor y hasta me consiguió un secretario privado.

Vivía como en un sueño, pues en el fondo yo seguía siendo Charlot, el vagabundo, y podía pasearme por los barrios pobres como cuando era el más miserable de los niños. Sin embargo, el gran dios americano, el dinero, siguió imponiéndose y otra productora, la First National, me ofreció más sueldo y algo todavía mejor: libertad total de creación.

La libertad de creación es la mejor arma para luchar para que el cine sea más que una mercancía y se convierta en arte. Mi obra, tal y como yo la ideaba, comenzó entonces, y se dice de *Vida de perro*, primera película con la First National, que fue una obra maestra, sin despreciar las producciones anteriores, claro.

La calidad me gusta más que la cantidad

Las sesenta películas, desde mis comienzos con la Keystone, hasta que dejé la Mutual, se realizaron en cinco años. ¿Muchas producciones en tan poco tiempo? Demasiadas, sí, pero no olvidemos que el cine de entonces se hacía rápido, sin mucho cuidado, sin sonido y con la idea, todavía presente, de que una película tenía que ser un espectáculo cómico, un entretenimiento simple.

Los años entre aquel 1895 en París, cuando se vieron las primeras imágenes en movimiento de los hermanos Lumière, y después, cuando se proyectaron películas propiamente dichas, o sea, con argumento, habían pasado rápido.

La industria del cine había competido duro entre sí con montones de títulos, porque cualquier industria tiene que fabricar muchos productos, para que salgan baratos y den a la vez ganancias. Muchos automóviles, muchos muebles, muchos libros, por ejemplo, se podían vender a menor precio que si se fabricaban pocos. En los Estados Unidos se fabricaba mucho de todo. El tiempo, pues, jugaba a favor de la industria cinematográfica; dejaba más ganancias hacer treinta películas en un año que hacer tres.

A pesar de que producir rápido cada filme podía enriquecer a las compañías de cine, siempre creí que una película debía ser mucho más que un montón de escenas divertidas. Una buena cantidad de las producciones que por entonces se hacían eran demasiado simples y se rodaban aprovechando aún la sorpresa que había causado el invento reciente del cine y el encantamiento que siempre nos producen las imágenes en movimiento. Y para explicar brevemente el mecanismo del cine diré que las primeras

filmaciones registraron el movimiento gracias a que antes el invento de la fotografía había conseguido capturar y grabar el instante.

Una simple fotografía es la imagen de alguien o algo en un instante. Si fotografiamos a alguien instante tras instante, tendremos entonces una película de él en movimiento, pues por muy quieto que se quede ese alguien parpadeará al menos. Pero como el cine se inventó para registrar la vida que es movimiento, la gente no se queda quieta ni estática frente a una cámara de cine como frente a una cámara de fotos.

El invento maravilloso que fue el cine, con las películas como producto de esta industria, no es otra cosa que una fotografía tras otra y otra, y así millares de fotos impresas en una cinta de celuloide que va rodando frente a la lente luminosa de la máquina de proyectar, para verse después en la pantalla del cinematógrafo. Pues bien, a mi modo de ver, el cine luego de superar la primera etapa del embrujo de la novedad, debería ser mucho más que bofetadas, persecuciones, pasteles arrojados a la cara y disparates.

La salida de los obreros de una fábrica, de Lumière, quedó para la historia del cine; luego vinieron muchas películas, con situaciones cómicas con argumentos buenos, débiles o sin ellos. Siempre creí que cualquier filme debía contar una buena historia. Mi explicación del cine como arte en vez de retrato animado de la realidad era que debía contar historias que emocionaran; tenía que decir cosas interesantes a los espectadores. El cine debía divertir, por supuesto, pero como los buenos cuentos, debía tener también enseñanzas ejemplarizantes.

Yo soy mi personaje

La última película que hice para la Mutual fue *El inmigrante* y con ella criticaba al sistema norteamericano de inmigración. Charlot ya era un personaje famoso. Las sesenta producciones anteriores de Charlot, aunque fueron filmaciones muy cortas, sirvieron para que la historia del cine le tuviera por héroe.

La libertad para realizar las películas como quisiera hacerlas, y tener a Charlot como ídolo, fue como estar en la gloria cuando empecé en la First National. Atrás quedaba la época de las improvisaciones y las exigencias de hacer mucho en poco tiempo.

Sesenta títulos en cinco años eran muchos; en los cinco años siguientes sólo haría ocho filmes: *Vida de perro*, *Armas al hombro*, *Al sol*, *Un día de placer*, *El chico*, *Los ociosos*, *Día de paga* y *El peregrino*.

Vida de perro muestra con claridad quién es Charlot. Aquéllos que sentían apenas simpatía por el vagabundo de mis películas anteriores vieron que Charlot tenía alma. No sólo era un mendigo profesional, sino un desventurado que cuando iba a pedir trabajo le ponían frente a las narices el cartel de NO HAY EMPLEO. Dormía a la intemperie porque no tenía un techo bajo el cual cobijarse, pero trataba de tapar con el pañuelo una rendija de la cerca de madera para que no entrara el frío del amanecer.

Charlot demostraba así, primero, que alguna vez tuvo un hogar; segundo, que quería ganarse la vida con dignidad. La historia de *Vida de perro* mezcló lo cómico con lo trágico. Charlot era derribado por las personas que hacían la fila para pedir empleo como él, por eso llegaba tarde al reparto de los puestos de trabajo.

Las situaciones graciosas que se veían en esta película mostraron el drama de Charlot en un mundo cruel de envidias, mucha competencia y bastante injusticia.

A partir de *Vida de perro*, quedó más clara mi intención de presentar a Charlot como un personaje de arte maduro en un mundo real y contemporáneo.

La mala cara de mi moneda buena

El éxito cada vez mayor de mi personaje, de igual forma, empezó a mostrarme la cara odiosa de la envidia por parte de quienes no perdonaban que yo prosperara. Comenzaron a llegarme cartas en las que me tildaban de cobarde. Muchos norteamericanos habían ido a la guerra y me acusaron de desertar a pesar de que siempre dije que iría al frente cuando el gobierno me llamara y que el ejército jamás me admitió por baja talla y poco peso. También, hay que decirlo, muchas personas siguieron apoyándome y reconociendo el aporte de mis películas a los soldados.

Con *Armas al hombro*, por ejemplo, divertí a las tropas y critiqué el imperialismo. En las trincheras Charlot con su torpeza e insignificancia, acabó convirtiéndose en un héroe de guerra al apresar al máximo emperador alemán, el Káiser, para rematarlo al final con una patada cuartelera. Pero la censura no dudó en cortar aquella escena en muchos países. También acepté que se quitara de la película otra escena en la que los aliados ofrecían un banquete a Charlot y el rey de Inglaterra se llevaba un botón del uniforme del héroe como recuerdo.

Armas al hombro tuvo un enorme éxito de taquilla y se estrenó en octubre de 1918, un mes antes de que terminara la Primera Guerra Mundial, que le costó a la humanidad ocho millones de muertos.

La película *Al sol* fue muy sencilla. No criticaba el imperialismo ni la ambición de poder político, pero Charlot reprochaba el puritanismo utilitario de quienes no disfrutaban la naturalidad del campo, esclavizados como estaban por cosas materiales. Allí Charlot quería seguir en la cama hasta entrada la mañana porque era domingo, día de descanso. La aldea estaba tranquila, el campo era más bello y sereno al sol, pero el dueño de la casa en donde estaba Charlot no le dejaba dormir con sus idas y venidas por todas partes.

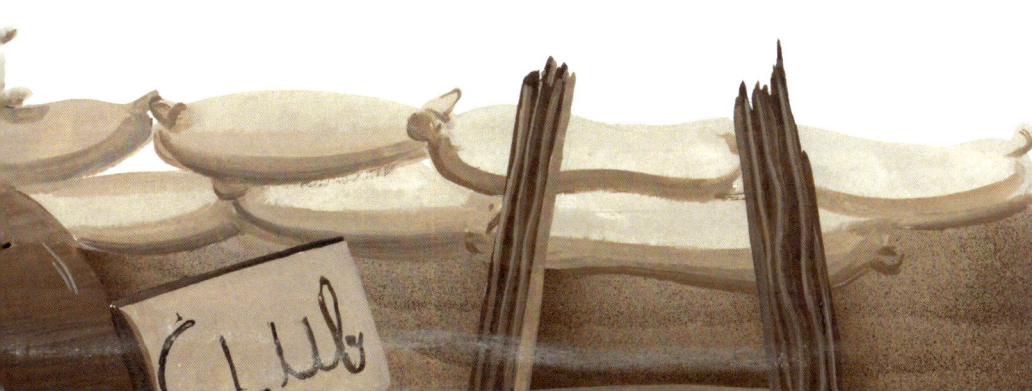

El molesto hombre incluso leía la Biblia haciendo ruidos y escándalo. Era día de misa, no había manera de quedarse entre las sábanas, y los que iban a la iglesia lo hacían por aparentar más que por devoción. Las escenas de *Al sol* fueron como los versos de un poema. La vida sencilla y natural de Charlot pobre, contra la vida complicada de los ricos. Al final, el amor y el idealismo de Charlot triunfaron.

En la película *Un día de placer* se repitieron los personajes aburridos de *Al sol* ya no como un poema sino como un cuento. En *Al sol*, cuando Charlot soñaba, bailaba ballet en mitad de los campos floridos, por eso se distinguió lo poético; en *Un día de placer* no había sueños y todo se contó como si de una historia real se tratara.

Un chico abandonado

Los años que trabajé con la First National fueron decisivos en cuanto a las películas que realicé. *El chico*, o *El pibe*, como se tituló en Argentina, fue uno de esos ocho filmes y el más apreciado de todos los tiempos.

El chico es un drama, que se desarrolla y termina como un drama. Fue una de las películas más emocionantes de Charlot, una historia que nunca pasaría de moda, un título para la eternidad.

El argumento trataba de un niño abandonado al poco de nacer. La madre le había dejado en un automóvil lujoso con la esperanza de que el rico dueño del vehículo lo adoptara y le diera una vida mejor. Sin embargo, el automóvil es robado y el niño desaparece. Ahí comienza la película, y Charlot entra como siempre orgulloso pero desarrapado para hacer justicia.

Charlot encuentra al niño abandonado y le adopta tras varios intentos fracasados para encontrarle un sitio seguro. De ahí en adelante las aventuras entre los dos personajes, dejados de la mano de Dios, son ridículas, pero son tan dramáticas que hacen llorar en vez de reír.

Al final el desenlace fue feliz y eso animó a los millones de espectadores que sufrieron pero disfrutaron de la película.
Y como con toda obra de arte, *El chico* se vio desde distintos puntos de vista e hizo comprender que Charlot era mucho más que un simple payaso: era un justiciero y un profeta a la vez.

Mi crisis y la del veintinueve

La sociedad norteamericana vivía tan prósperamente que no alcanzaba a imaginar el desastre y la miseria que vendría luego. Cuando se estrenó esta película empezaban los locos años veinte, años de lujo y derroche. Después vino la famosa bancarrota de 1929. La quiebra de muchas empresas marcó la época de crisis en los Estados Unidos y muchos vivieron en carne propia un mundo de pobreza, hambre y abandono, muy distinto de la opulencia de la que se había gozado hasta entonces.

Por esa razón, a algunos empecé a parecerles un ave de mal agüero. Charlot, mi personaje hambriento y desamparado, también representaba muy bien los tiempos por venir. El cine que yo hacía era arte, pues entre otras virtudes, el mensaje del arte auténtico confirma que el artista se suele adelantar a su tiempo y sus pronósticos terminan por cumplirse.

En cuanto a lo que representó *El chico* en mi biografía, hago un paréntesis para contar que el rodaje de la película coincidió con uno de los tantos dramas de mi vida. Estaba casado y las discusiones con mi primera esposa terminaron en un divorcio complicado. *El chico* entraba en la lista de propiedades que mi mujer me embargó. Huí con la película; la edité en un hotel a escondidas y al fin la estrené el 6 febrero de 1921.

El chico superó el éxito de mis producciones anteriores. También abundaron las críticas en mi contra. Se decía que Charlot era un anarquista sin Dios ni ley. Mi esposa quería arruinarme por todos los medios y con todo tipo de calumnias influyendo para que los comentaristas hablaran mal de mí y de mis películas en la prensa.

Pese a todo, el filme recaudó dos millones y medio de dólares y me dio tal fama que al fin pude obtener el permiso oficial de entrada de mi madre a los Estados Unidos, permiso negado hasta aquel momento por ser enferma mental.

Hannah moriría en 1929, en Norteamérica. Nunca se curó de su demencia pero por lo menos tuvo los cuidados de una enfermera y la vida digna que en los sanatorios de Inglaterra no conoció.

Más historias de celuloide

Respecto al filme *Los ociosos*, tengo que decir que fue una película corta, me enseñó a hacer dos personajes al mismo tiempo, algo que repetiría después en *El gran dictador*. En *Los ociosos* hice de rico y de vagabundo, por supuesto el vagabundo Charlot puso en ridículo al rico.

La película *Día de paga* es una estampa costumbrista. Muestra a un obrero tal y como es cualquier obrero en el mundo, con los escasos lujos que puede permitirse, incluso emborrachándose y comiendo lo poco que puede comer cuando cobra una miseria.

Por último, completé esas ocho películas con *El peregrino*, un filme que mostró cómo vive un sacerdote, un típico pastor protestante norteamericano. Algunos críticos interpretaron que yo era un hombre sin patria, porque Charlot, un presidiario que había escapado disfrazado de cura, llegaba perseguido a la frontera del México de los guerrilleros y caminaba por la línea fronteriza con los Estados Unidos, unas veces pisando el suelo de México y otras, el de Norteamérica.

El mundo es pequeño si lo miro desde arriba

Dicen que todo se ve muy diferente desde la cumbre de la gloria que desde lo profundo de la miseria y quise comprobarlo. Terminado mi contrato con First National, creé mi propia productora con otros socios: la United Artists. Mi curiosidad por saber qué lugar ocupaba yo en el mundo me animó a que hiciera la primera gira por Europa.

Las entrevistas antes de partir tuvieron preguntas tontas y venenosas. «¿Qué hace Chaplin con sus zapatos viejos?», «Los tiro». «¿Y con su bigote?». «Lo tiro». «¿Usted es comunista?». «No lo soy». «¿Le interesa Rusia?». «Me interesa

la vida. El comunismo es una fase de la vida», contesté.
Pagaría muy cara esa última respuesta.

En Londres las multitudes me recibieron como a un héroe.
En mi ciudad natal me ovacionaron pero también me insultaron; no era más que un cobarde para algunos.

También muchos famosos me ofrecieron su amistad. Sir James Barrie, por ejemplo, pidió que hiciera célebre a su Peter Pan: «Peter Pan es demasiado importante para que yo lo estropee con siquiera un comentario», respondí. H. G. Wells, el famoso escritor, quería representar mi Charlot; ni hablar, Wells era más importante. Para haceros una idea de mi timidez, una noche que fui a visitar al famoso escritor George Bernard Shaw, vi que lo estaban esperando actores famosos para hablar con él y no me atreví a acercarme.

En París y las demás ciudades europeas igualmente recibí aplausos. Hablé con otras celebridades como Einstein y Mahatma Gandhi, líder espiritual de millones de hindúes. Gandhi me inquietó con su idea de que las máquinas dejaban sin trabajo a millones de personas en la India, y su agradecimiento por mis películas no consoló mi pesar por tal miseria aunque hiciesen reír a millones de sus compatriotas.

La tristeza que sentí por tantas personas sin trabajo después de la Revolución Industrial, de la que yo incluso fui víctima, terminó de animarme a crear una película tan famosa como *Tiempos modernos*; recordad, además, que las máquinas que parecían monstruos feroces, como las imprentas donde trabajé de pequeño, estuvieron siempre en mis peores recuerdos de infancia.

El regreso de mi viaje por el mundo a Estados Unidos abrió nuevos horizontes en mi carrera. La United Artists nació con el propósito de ser mucho más que una simple productora de películas. Yo tenía el control de aquella empresa y la United Artists, además de rodar filmes, se encargó de su distribución.

Las joyas entre mis joyas

Es comprensible que como era el dueño de la United me ocupara más tiempo en hacer filmes mejores. Tres películas inolvidables de entonces fueron *La quimera del oro*, *El circo* y *Luces de ciudad*, que realicé en ocho años.

«*La quimera del oro* comienza como una novela al estilo de las de Flaubert», escribió de mi película otro novelista famoso, André Maurois. Creo que este autor se refería a la interminable fila de buscadores de oro con que empieza la historia en la que al final está Charlot, siempre el último, con su sombrero hongo, sus zapatones, su cuello de pajarita, su bastón de junco y sobre los hombros una pequeña manta ridícula para soportar el frío de una nevada que caía sin misericordia sobre un sendero entre inquietantes abismos.

Es probable que *La quimera del oro* tuviese un estilo novelístico, no lo sé; lo que puedo decir es que me inspiré en la tragedia vivida por un grupo de buscadores de oro que se perdió en las Montañas Rocosas y acosados por el frío glaciar y el hambre se devoraron unos a otros. Fue algo macabro y la literatura de los Estados Unidos relató detalles horripilantes del suceso.

Yo no conté pormenores horrendos, pero el hambre y la intención caníbal del gigante con quien Charlot compartía la barraca en medio de la tormenta de nieve quedaron muy claras cuando imaginaba que éste era una enorme gallina. También se dijo y se dirá siempre que una de las escenas inolvidables es la de Charlot guisando uno de sus zapatones viejos, para luego comérselo imaginando que los cordones eran espaguetis; la suela, un bistec y los clavos, huesecillos de pollo.

Otra secuencia inolvidable fue aquélla en que Charlot hizo danzar un par de panecillos clavados en dos tenedores. Esa danza tuvo su origen remoto en las famosas marionetas de los Walton en el Londres de mi niñez, y a mí me encantaba reproducir el ballet de los panecillos para mis amigos de Hollywood cuando cenábamos en cualquier restaurante.

El tiempo con la United Artists, entre 1925 y 1952, fue la época más fructífera de mi carrera cinematográfica, pero también la más complicada respecto a mi vida. Los pleitos con el gobierno que me acusaba de comunista, como a muchas otras celebridades del mundo del cine, la famosa bancarrota de la economía americana y la Segunda Guerra Mundial, amargaron aquella etapa de mi vida. También matrimonios fracasados y divorcios penosos añadieron tristezas a esos años que se dicen son los mejores que vivimos los seres humanos.

No obstante ser aquel período el capítulo más afligido de mi existencia, me sobrepuse y realicé películas inolvidables como *Tiempos modernos*, *El gran dictador* y *Candilejas*.

Las batallas que gané mudo

Lo que más recuerdo de mi trabajo como realizador en los primeros años con la United fue la defensa que hice a favor del cine mudo. En aquella época, las productoras empezaban a hacer películas sin miramientos y estropeaban el arte puro de la pantomima.

La primera película hablada de la historia del cine fue *El cantante de jazz* y se estrenó en 1927: una amenaza para la industria. Las compañías productoras no podíamos estar continuamente cambiando estudios de rodaje con máquinas para grabar sonidos y voces. Y aunque el filme de Alain Croslan, como se llamaba el director de *El cantante de jazz*, recaudó mucho dinero en taquilla, mi confianza en el cine mudo siguió.

Una de mis teorías era que la pantalla de cine es como un cuadro con imágenes y una imagen vale más que mil palabras. Así mismo lo dije cuando aseguré que no utilizaría la voz en mis filmes porque las imágenes y la mímica eran para mí de sobra expresivas. Los actores sabían muy bien el alfabeto del movimiento y la poesía del gesto, porque las emociones son mudas. «Mi música, interpretada al lado de la pantalla, acompañará a mis películas», agregué.

No creí que mi voz pudiera añadir nada a mis comedias; por el contrario, destruiría la ilusión, aseguré. Mas pese a mi empecinamiento, mis ideas sobre el cine mudo cambiaron porque comprendí al final que los diálogos podían mejorar los mensajes de mis historias y por eso me decidí a hacer películas habladas.

Al margen de estas polémicas, lo importante para el cine es que Charlot era un personaje inconfundible. Cada nueva película fortalecía a mi héroe. *La quimera del oro* tuvo en su estilo mucho de fábula heroica y de homenaje a quienes son capaces de entregar la vida por conseguir lo inalcanzable; la moraleja era que había que luchar por las quimeras.

Con la película *El circo*, se dijo que Charlot volvía a ser excesivamente divertido; parecía que daba un paso atrás en el estilo de comicidad de las películas anteriores. Puede que así fuera. Yo diría que si di un paso fue adelante, al valorar más lo gracioso para que los espectadores entendieran la importancia de la burlona inteligencia de Charlot y eso se apreció muy bien después con *Luces de la ciudad*, pues partes muy cómicas de esta película terminaban con momentos muy tristes.
En *Luces de la ciudad* incorporé por primera vez efectos sonoros, pero sin voces ni diálogos.

Desengaños en el atardecer de mi vida

Cuando nadie tuvo dudas de que el gran Charlot tenía un sitio en el mundo y defendía sus ideales, creí conveniente darle más importancia a los peligros que corría la humanidad y que mi personaje advirtiera a los espectadores de tales peligros.

La película *El gran dictador*, además de hacerme ver que si uno tiene ideas equivocadas debe rectificar, triunfó sobre los fascistas del mundo que se oponían a que Charlot ridiculizara a Hitler. *El gran dictador* fue mi primer filme hablado y fue maravilloso oír la voz de Charlot cuando denunciaba el daño que un dictador ridículo podía hacerle al mundo entero.

En otro sentido, *Tiempos modernos* fue una película crítica al probar que la esclavitud no había terminado y que los obreros seguían dominados por la industria. Cada obrero era como una pieza de la máquina en la que trabajaba. Lo peor de todo es que cada obrero que la máquina tragaba por accidente no representaba una víctima sino un puesto de trabajo para alguno de los miles de desempleados hambrientos.

La crítica se ocupó, además de mis películas, de mi vida privada. Mis desengaños matrimoniales, mi posición frente a las injusticias de mi época y todos los atropellos que denuncié con mis filmes dieron pie a miles de comentarios en mi contra.

El ambiente se me hizo agobiante; mis enemigos buscaban por todos los medios arruinarme.

En 1952 salí de Estados Unidos acusado de ser antiamericano y evasor de impuestos. Europa, Oriente y el resto del mundo seguían aclamándome. Las autoridades americanas afirmaron que al volver nada malo me ocurriría, pero nada más irme se reabrió el expediente en mi contra. «Sus películas corrompen la moral americana», sentenciaron. Si regresaba, me detendrían, aseguraban. Decidí hacer entonces algo que ya venía pensando: olvidarme de Norteamérica.

A pesar de que rectificaron oficialmente el fallo que me declaraba indeseable, decidí no volver. Vendí mi parte de la United Artists para residir en Suiza con mi esposa Oona O´Neill, hija del famoso escritor de teatro Eugene O´Neill, mis nueve hijos y Sydney, mi hermanastro inseparable, que murió después en Niza, Francia, en 1965. Por cierto, una de mis hijas, Geraldine, sería una famosa actriz y rodaría numerosas películas en España con el director de cine español Carlos Saura.

Camino de la inmortalidad

En el exilio realicé la película *Un rey en Nueva York*, en 1957, con la productora Attica Film. Y en 1966, rodé *La condesa de Hong-Kong* con la Universal International. Charlot se despedía, pero la risa quedó para siempre; la risa como el mejor lenguaje universal porque toda la humanidad lo entiende.

Por fin, en 1971, el XXV Festival de Cannes me condecoró.

La Academia de Artes y Ciencias Cinematográficas también me concedió entonces un Oscar por mi invaluable aportación al arte cinematográfico en el siglo xx. En Hollywood, durante la entrega de la estatuilla de este importante galardón, los artistas en el escenario entonaron la canción de mi película *Candilejas*; me emocioné, y no pude reprimir las lágrimas, pero sentí al mismo tiempo que algo de ironía había en todo aquello, como muchas de las ironías que se dan en la vida de todo ser humano.

El 25 de diciembre de 1977, en Vevey, Suiza, a la edad de ochenta y ocho años, del dormir de cada noche pasé al sueño eterno que es morir, pero Charlot vive y vivirá eternamente en la historia del cine y del arte.

Años	Vida de Charles Chaplin	Historia
1880-1890	1889. Nace el 16 de abril en Londres, Reino Unido.	1880. Se funda la compañía del canal de Panamá.
1890-1900	1895. Hace su primera aparición en público.	1895. José Martí dirige la insurrección de Cuba contra la dominación española.
1900-1910	1906. Triunfa por primera vez en el teatro haciendo el papel de Billy, botones de Sherlock Holmes.	1906. Un terremoto de 8,3 grados en la escala Richter en San Francisco (EE. UU.) ocasiona 3.000 muertos.
1910-1920	1914. Primera película: *Una noche en un music-hall inglés*. 1917. *El inmigrante*.	1914. Primera Guerra Mundial.
1920-1930	1921. Estreno de *El chico* en Nueva York, el 6 de febrero.	1922. Lenin crea la URSS. 1929. Caída de la Bolsa de Nueva York.
1930-1940	1931. *Luces de la ciudad*. Críticas a favor y en contra de Chaplin por su divorcio.	1934. Hitler llega al poder en Alemania. 1936. Guerra Civil española. 1937. Bombardeo de Guernica.
1940-1950	1943. Se casa con Oona O´Neill, hija del dramaturgo Eugene O´Neill. 1947. Declara que se considera ciudadano del mundo y huésped de EE. UU. porque ya ha pagado más de diez millones de dólares en impuestos.	1941. Josef Stalin se proclama primer ministro de la URSS. 1945. EE. UU. lanza bombas atómicas en Hiroshima y Nagasaki. 1947. Asesinato de Gandhi. Mao Tsé Tung proclama la república popular China.
1950-1960	1956. El Ministerio de Hacienda le demanda por más de un millón de dólares en impuestos.	1959. Castro asume el poder en Cuba. En Tanganika (África) se descubren los restos del *Homo habilis*, con 600.000 años de antigüedad.
1960-1980	1964. Su hija Geraldine Chaplin se consagra como actriz de reparto en *Doctor Zhivago*. 1977. Muere en Vevey (Suiza) a los ochenta y ocho años.	1962. La URSS instala bases de cohetes intercontinentales en Cuba; el mundo teme una Tercera Guerra Mundial porque EE. UU. amenaza con declarar a Rusia una guerra total. 1973. Acaba la guerra de Vietnam. 1975. Fin de la dictadura en España al morir el general Franco.

Ciencia / Tecnología

Artes / Cultura

1883. Se publica la novela *La isla del tesoro*, de Stevenson. Inauguración de la Torre Eiffel en París (Francia).

1897. Strauss estrena su pieza musical *Don Quijote*.
1899. Nace el poeta español Federico García Lorca.

1901. Se inventa la lavadora.
1903. Aeroplano de los hermanos Wright y primer electrocardiograma.
1907. La aspiradora eléctrica.
1908. El papel celofán.

1900. Nacen Saint-Exupéry, autor del famoso cuento *El Principito*, y el cineasta español Luis Buñuel.

1911. Se inventa el aire acondicionado.
1917. El sonar, especie de radar para los barcos y submarinos.

1912. *Quo Vadis* se estrena, y Hollywood nace como la meca del cine.
Ortega y Gasset publica su ensayo filosófico *La deshumanización del arte*.

1922. Se inventa el technicolor.
1926. La televisión.
1929. Los antibióticos.

1935. Se inventa el radar y los plásticos.
1938. El ordenador.
1939. El helicóptero.

1943. Biro inventa el bolígrafo que en Uruguay llaman birome en su honor. La tinta que sale de una bolita en su punta lo populariza como bolígrafo.
1948. Primer ordenador, que ocupa un salón enorme.

1940. *El gran dictador* de Chaplin se estrena en Nueva York. Nace John Lenon.
1942. Pablo Neruda publica su libro de poemas *Tercera residencia*. C. J. Cela publica *La familia de Pascual Duarte*.
1946. Muere el compositor español Manuel de Falla.

1954. Se inventa la radio portátil.
1955. Se descubre la vacuna contra la polio. Fiat lanza el popular modelo de automóvil 600.

1957. El pintor Botero expone su cuadro *Los obispos*.
Muere la poetisa Gabriela Mistral.

1961. Primera transmisión transatlántica de televisión en vivo.
1963. Se inventa Internet.
1966. Los rusos ponen en la Luna un vehículo que envía fotos a la Tierra.
1969. El hombre pisa el suelo de la Luna.
1974. Se inaugura el "tren bala" en Japón.
1979. Primeros discos compactos (CD).

1961. Luis Buñuel, el cineasta español más conocido en el mundo, estrena su película *Viridiana*.
1962. Muere la actriz Marilyn Monroe.
1973. Muere el pintor español Pablo Picasso.
1978. Carol Woytilla es elegido Papa de la Iglesia Católica.

Me llamo...

Es una colección juvenil de biografías de personajes universales. En cada volumen una figura de la historia, de las ciencias, del arte, de la cultura, de la literatura o del pensamiento nos revela de una forma amena su vida y su obra, así como el ambiente del mundo en el que vivió. La rica ilustración, inspirada en la época, nos permite sumergirnos en su tiempo y su entorno.

Charles Chaplin

Nacido en Londres (Reino Unido), Charles Chaplin es una de las figuras capitales de la historia del cine. Hijo de un matrimonio de humildes actores, pasó en pocos años de la más triste miseria a la fama y a ser el actor mejor pagado de su época.
En cuarenta años intervino en cerca de ochenta películas, en las que alternó las tareas de actor, guionista, compositor de la banda sonora, director, realizador y productor. Considerado un genio del cine (primero mudo y más tarde, sonoro), su carrera arrancó con la pura comicidad, pasó por el género sentimental y dramático para, finalmente, abordar la denuncia social y política.
Su gran creación fue el personaje de Charlot, un vagabundo inconfundible por su bigote, su sombrero de hongo, su bastón... y sus peripecias, que han emocionado a varias generaciones.